بِسْمِ اللهِ الرَّحْمٰنِ الرَّحِيْمِ

In de Naam van Allah, de Meest Genadevolle, de Meest Barmhartige

Dit boek is een speciaal geschenk
aan een bijzonder kind van Allah ﷻ.

Moge het je dichter bij Zijn liefde, barmhartigheid en licht brengen

De Heilige Koran leren kennen en liefhebben

Een kinderboek ter introductie van de Heilige Koran

The Sincere Seeker Collection

Een speciale nacht in de grot

Profeet Mohammed ﷺ hield ervan om stil na te denken in een grot genaamd Hira.

Op een nacht in Ramadan, toen hij 40 jaar was, gebeurde er iets wonderbaarlijks!

Een engel verscheen en zei: "Lees!"
De Profeet ﷺ antwoordde: "Ik kan niet lezen."

De engel hield hem drie keer stevig vast en zei: "Lees!"
Toen bracht hij de eerste woorden van de Koran van Allah ﷻ

Bang rende de Profeet ﷺ naar huis.

Zijn vrouw Khadijah troostte hem en zei:

"Allah ﷻ zal je beschermen. Jij helpt anderen en bent altijd vriendelijk."

De Koran werd daarna langzaam geopenbaard over 23 jaar.

Wat is de Koran?

Het is een heel speciaal Boek van Allah ﷻ.
Het bevat Zijn exacte woorden.

Het leert ons hoe we Allah ﷻ liefhebben,
dichter bij Hem komen
en het juiste pad vinden.

Het is als een schatkaart
die naar de Jannah (het Paradijs) leidt!

Wat de Koran ons leert

De Koran toont ons hoe we vriendelijk,
eerlijk en behulpzaam moeten zijn —
hoe we moeten bidden (Salah)
en halal eten dat goed voor ons is.

Hij vertelt ons ook wat we moeten vermijden —
zoals liegen, stelen of anderen pijn doen.

Het is als een zaklamp
die laat zien wat goed en fout is.

Wat de Koran wil dat we geloven

Er is slechts één God, en niemand is zoals Hij.

Allah schiep engelen uit licht.
Allah stuurde boeken zoals de Koran om mensen te leiden.

Allah stuurde vele profeten
om Zijn boodschap te verkondigen.

Op een dag zullen we allemaal
voor Allah ﷻ staan om geoordeeld te worden.
Allah ﷻ weet en plant alles.

Deze overtuigingen houden ons sterk en dicht bij Hem.

Daden van aanbidding uit de Koran

Er zijn veel manieren om Allah ﷻ te aanbidden en Hem te behagen:

· Elke dag bidden
· Geven aan de armen
· Vasten in Ramadan
· Hajj verrichten (als we kunnen)

Deze daden brengen ons dichter bij Allah ﷻ en helpen ons betere mensen te worden.

Allah houdt van jou

Allah ﷻ houdt meer van jou dan wie dan ook!

Hij gaf je familie, vrienden, eten en vreugde.

Hij is barmhartig en luistert altijd.

En wij houden ook van Hem —
met ons hart en onze du'a (gebeden).

Goede daden elke dag

De Koran leert ons goede kinderen te zijn door:

· Naar onze ouders te luisteren
· Vriendelijk te zijn voor broers,
zussen en vrienden
· Zacht te zijn voor dieren en planten
· Eerlijk te zijn en nooit anderen te misleiden

Wanneer we goed doen,
maken we Allah ﷻ blij
en helpen we de wereld beter te maken.

Altijd dankbaar

De Koran leert ons "Alhamdulillah" te zeggen
om Allah ﷻ te danken voor alle zegeningen —

ons huis, onze familie,
ons eten, onze kleding,
speelgoed en nog veel meer!

Wees geduldig en nederig

Wees geduldig wanneer dingen moeilijk zijn,
of wanneer je wacht op je beurt
of je speelgoed deelt.

Schep niet op en denk niet dat je beter
bent dan anderen.

Blijf nederig,
en Allah ﷻ zal van je mooie hart houden.

Wees sterk tegen Shaytan en kies wat juist is

De Koran leert ons dat Shaytan onze vijand is.

Hij fluistert slechte ideeën,
maar wij kunnen NEE zeggen!

Laten we altijd ons best doen om het goede te doen
en Allah ﷻ om hulp vragen!

Het laatste Boek van Allah

Allah ﷻ stuurde vele boeken om mensen te leiden —
om hen te leren bidden en een goed leven te leiden.

Maar de laatste is de Koran —
Zijn volmaakte en definitieve gids.

Hij is voor iedereen, jong en oud,
nu en voor altijd — ook voor jou!

Het Boek dat nooit veranderde

De Koran heeft 114 hoofdstukken,
Soera's genaamd,
en meer dan 6.000 verzen,
Ayat genoemd — allemaal in prachtig Arabisch.

Geen enkele letter is veranderd
sinds de openbaring.

Volwassenen en kinderen overal ter wereld
lezen elke dag dezelfde Koran.

Allah ﷻ heeft beloofd het te beschermen —
en Hij houdt altijd Zijn belofte!

Een Boek vol wonderen

De Koran is het grootste wonder van Allah ﷻ.

Het deelt verbazingwekkende waarheden over wetenschap, natuur en leven — dingen die mensen toen nog niet wisten.

Het openbaart geheimen die niemand eerder kende.

Niemand kan ooit een boek maken zoals de Koran.

Een Boek in ons hart

Miljoenen mensen — van over de hele wereld —
kinderen en volwassenen —
hebben de Koran uit het hoofd geleerd.

Allah ﷻ maakte het gemakkelijk
om te leren en te onthouden.

Dat betekent dat jij het ook kunt leren —
één vers tegelijk!

Geweldige verhalen uit de Koran

De Koran zit vol inspirerende verhalen over profeten en wonderbaarlijke gebeurtenissen.

Verhalen van Adam, Noach, Abraham, Mozes, Jozef, Jezus en meer!

Elk verhaal leert ons een andere les — zoals vriendelijk, dapper en geduldig zijn en vertrouwen hebben in Allah ﷻ.

Lees de Koran elke dag

Lees hardop, met een mooie stem.

Het brengt je dichter bij Allah ﷻ.

En raad eens?
Voor elke letter die je leest,
krijg je 10 beloningen!

Dat zijn veel zegeningen —
gewoon door elke dag een beetje te lezen.

Dus laten we elke dag een beetje lezen —
met liefde en een blij hart.

Laat de Koran je gids zijn

De Koran helpt ons elke dag —
als we blij, verdrietig of onzeker zijn.

Hij leert ons vriendelijk, moedig,
eerlijk en dankbaar te zijn.

Elke keer dat je leest, leert
en volgens de Koran leeft...
kom je dichter bij Allah ﷻ.

Einde

Moge deze reis je dichter bij
Allah's ﷻ oneindige liefde en wijsheid brengen.

www.ingramcontent.com/pod-product-compliance
Lightning Source LLC
Chambersburg PA
CBHW081003140626
46546CB00018B/3114